Varemund á Regeno

Wichtige Fragen über das damalige Kriegs- und Friedensgeschäft mit Frankreich

Varemund á Regeno

Wichtige Fragen über das damalige Kriegs- und Friedensgeschäft mit Frankreich

ISBN/EAN: 9783743673052

Hergestellt in Europa, USA, Kanada, Australien, Japan

Cover: Foto ©ninafisch / pixelio.de

Weitere Bücher finden Sie auf **www.hansebooks.com**

Wichtige Fragen

über das dermalige

Kriegs = und Friedensgeschäft

mit Frankreich.

———

Dem Kaiser und Reich zur Beherzigung vorgelegt

von

Varemund á Regeno.

Cuilibet periculo futuro, quod metuimus, quo-
vis modo obviam ire tenemur, ne dam-
num nobis inferatur, quod poftea corrigi
nequit.

Hugo Grotius.

Die Folgen unsrer gewaltigen Zeitkrise scheinen sich jetzt näher zu entwickeln. Die Früchte der Welt, dieses unendlichen Treibhauses, werden reif, kostbare Früchte, die wir mit so vielem Aufwand von Blut, Geld und Ruhe, und wenn wir es frey bekennen wollen, auch mit einiger Aufopferung von Ehre erkauffen müssen. Man hat jahrelang einen Krieg geführt, wie die Geschichte keinen weiß, und man hat von beiden Theilen zugleich die Kräfte geschwächt, weil man anfangs den richtigen Kalkul zu führen vergaß.— Die Uebel dieses verderblichsten, kostspieligsten und in seiner Art ganz einzigen Krieges machen, daß die Waagschale der Vernunft und des Gefühls sich endlich allenthalben zum Frieden neigen muß. Die stolzen Republikaner in Neufranken selbst fangen an, ihre abnehmende Schnellkraft zu füh-

len:

len: ihr diktatorischer Ton ist merklich herabgesunken, sie haben Ursachen die Fülle, sich die Last von Auſſen vom Halſe zu schaffen, um im Innern den Reſt ihrer durch Blutdürſtige Faktionen ſehr zerrütteten Nationalmacht aufzuſammeln, um einmal in den Genuß ihrer neuen, auf dauerndes Syſtem gegründeten Konstitution zu kommen.

Teutſchland liegt an tiefen Wunden krank, welche ihr eine überall ſiegende Revolution ſchlug, und nur der Oelzweig des baldigen Friedens kann ſolche heilen. Jenſeits des Rheinufers herrſcht der Feind auf dem Boden unſrer Vorältern, und lebt von teutſchem Fett; der Kern unſrer tapfern Mannſchaft hat bereits ſeinen Kirchhof auf der unglücklichen Wahlſtätte gefunden, ein langer Umfang unſrer Vaterlandserde iſt ſammt ungeheuern Summen unſers Geldes in feindlichen Händen, mehrere unſrer Fürſten haben ihre Souveränitätsrechte, Land, Leute, verloren, und mußten, ihres Wohnſitzes beraubt, wie Flüchtlinge umher irren. Aber was alle dieſe mißlichen Umſtände noch weit betrübter macht, iſt die offenbare und verſteckte

stecfte Verschiedenheit in Meinungen und
Absichten, ist der Mangel an aufrichtiger
Vereinigung der Nationalkräfte zu einem
Zwecke, des allgemeinen Staatsinteresse,
kurz am Gemeingeiste, ohne den in
einen grossen Gesellschaftskörper nichts
ausgeführt werden kann. Zeit und Verhältnisse scheinen uns jetzt aufzuruffen, an
einen baldigen Frieden zu denken.
Aber eben so wichtig und nothwendig ist
der Gedanke an einen erwünschli-
chen, der Ehre, Würde, und dem
Interesse unsers Vaterlandes ent-
sprechenden Frieden.

Dieß muß der erhabene Zweck aller
Reichsstände, aller coalisirten Mächte gegen Frankreich seyn— und dieser einzige wahre Zweck und die Mittel zu dem-
selben müssen in einträchtlicher Verbindung realisirt werden. Dieß ist ent-
schiedene Wahrheit, oder Teutschland
müßte aufhören Teutschland zu seyn—
oder man wollte wirklich nicht, was man
wollen sollte— oder die teutsche Verfassung neigte sich zu ihrem Grabe.

Allein man hatte jenen Zweck zu einem annehmlichen Frieden schon

seit

seit geraumer Zeit vor Augen, ob man
gleich über die Wahl der Mittel bisher
noch nicht schlüßig war, und das Erz-
kanzleramt Teutschlands machte öffentlich am Reichstage die ersten Anträge zu
einer gemeinsamen und ersprießlichen
Friedenseinleitung. Kur - Brandenburg führte die nämliche Sprache des
Reichsständischen Patriotismus, Pfalz-
bayern und andere stimmten bey, und
Se. Kaiserl. Majestät war selbst weit
entfernt, den edlen Gesinnungen zu widersprechen, daß vielmehr der gerechte
Wunsch geäußert wurde, mit vereinigten
Kräften einen rühmlichen Frieden zu er-
zielen, wozu die thätigste Unterstützung
des Reichsoberhaupts mitwirken wollte.

Indessen sah man plötzlich über alle
Erwartung auf dem gemeinschaftlichen,
reichsverfassungsmäßigen Wege, auf welchem das grosse Werk des Friedens zu
Stande kommen sollte, einen Scheide-
weg — der Hof von Berlin schloß einen
Separatfrieden und eine ganz besondere Allianz mit dem Nationalkonvent in Paris. Da von so einer Unter-
nehmung bey der hohen Reichsversamm-
lung

sung in Regensburg nichts zur vorläufigen Sprache gebracht wurde, und da dieser Vorgang einseitig und dem oben bestimmten Gesammtzwecke entgegen war.— so gab freilich der Aufzug dieses neuen Schauspiels einen auffallenden Anblick: vorzüglich mußte das Augenmerk des Kaiserl. Hofes auf diesen bedeutungsvollen Schritt eines mächtigen Reichsstandes in dieser dermaligen Verwirrung der Dinge gespannt werden. Dieß gab aber auch den wechselweisen Verhältnissen eine andere Wendung; der gemeinsame Reichspatriotismus — welcher hier und dort ohnedieß noch nicht ganz lebhaft war — schien zu erschlaffen, eine wesentliche Trennung erfolgte, wodurch die nöthige Betriebsamkeit zum Gesammtzwecke ins Stecken gerieth.

Dessen ungeachtet fuhr man fort die Friedenseinleitung in allgemeine Berathschlagung zu nehmen, und von Wien kam deßhalb ein in aller Rücksicht kluges Hofdekret, worinn eine großmüthige Aufopferung hervorleuchtet, und nur Mißtrauen gegen einseitige Handlungen kennbar wird. Hierauf ist nun auch das

Reichs-

Reichsgutachten in der Hauptsache erschienen, wovon die Kaiserl. Ratificirung zu gewärtigen steht.

Privatschriften haben sich zwar schon Glossen und kritische Bemerkungen über so manche Vorfälle erlaubt, aber sie haben alle das Unglück, die Grenzen der kalten Ueberlegung und Bescheidenheit zu überspringen, sie riechen von einer, wie von der andern Seite zu sehr nach Partheylichkeit, und arten in politischen, oft gröblich beleidigenden Fanatismus aus. Was nützen solche Ausfälle, oder wie schaden sie vielmehr der guten Sache? Erbitterung und Gehäßigkeit verfehlen allezeit des Zweckes, und sollten wir die so kritischen Zeiten, in denen wir leben, nicht besser zu machen, anstatt mehr zu verderben suchen? — Reine, von Partheysucht befreyte Wahrheit muß einen Schriftsteller leiten, Wahrheit, deren mit Bescheidenheit gewürzte Stimme man nicht unterdrücken kann, und deren männlicher Ton in den Verstand und die Herzen der Menschen Eingang finden wird.

Wir wagen es in dieser Rücksicht eine und die andere Frage, über das dermal

mal anhängige Kriegs - und Friedensgeschäft mit Frankreich, dem Kaiser und
Reich zur Beherzigung hiermit vorzu-
legen.

Vor allen wird es zweckdienlich seyn,
einen konzentrirten Ueberblick auf die Ver-
anlassungen und Folgen unsrer kriegerischen Umstände zu werfen, in denen wir
uns jezt befinden, um alsdann auf Ab-
lehnungs - oder wenigstens Verbesse-
rungs - Vorschläge für die Zukunft
desto sicherer übergehen zu können. Die
Erfahrung ist die beßte Lehrerin auch im
politischen Fache, und ihre Vorschriften, so
wie die lautern Erkenntnisse der Uebel, in
die wir uns aus Versehen oder Vorur-
theil gestürzt haben, erwecken in uns
Klugheit und Fürsorge. Es entsteht also
zuerst die Frage:

Wie war der Ursprung und
Gang unsrer politischen und
kriegerischen Verhältnisse mit
dem revolutionären Frank-
reich, wie haben wir solche
vernachläßigt und zu unserm
Schaden mitgewirkt, wie stehen nun unsre Sachen?

A 5   Die

zur Sache aller Monarchien, und die Sache des Königs von Frankreich zur Sache aller Könige und Fürsten. Und — (man erlaube mir die redliche Freymüthigkeit) ich denke, dieß war zu voreilig. Mein Beweis liegt in der Wahrheit der Thatsachen.

Die Revolution, oder Staatsumwälzung Frankreichs entsprang aus den giftigen Quellen einer zu Grunde gerichteten Staatsverfassung, welche den moralischen und politischen Bankrot des ganzen Landes verursachte, und jeder, der die vieljährige Geschichte dieses allmählig unter seiner glänzenden Last erliegenden Reichs, bis auf den ohne seine Schuld verunglückten Ludwig XVI zur Hand nahm, der die schwankenden Verhältnisse der Krone zu der Nation, des schwelgerischen Zehrstandes zu dem unter äusserstem Drucke seufzenden Nährstandes abwog, der alles Rathschlagens und Projektmachens ohngeachtet, den gänzlichen Verfall der Finanzen und des Staatskredits weissagen konnte, der den despotischen Reichthum und Verschwendungsgeist des weltlichen und geistlichen Adels mit der allgemeinen Armuth

des

des mittlern und gemeinen Mannes ver‐
glich — mußte den nahen Einsturz des
alten morschen Gebäudes, so wie die Un‐
vermeidlichkeit der daraus erfolgten neuen
Umänderungen einsehen. Eine zweckmäſ‐
sigere Konstitution war also un‐
läugbar nothwendig, war Wohlthat, und
die einzige lezte Arzney gegen den einbre‐
chenden Tod — sie kam selbst unter dem
Könige zu Stande; die kranke Nation
nahm sie auf, und im Gedränge muß sie
jezt auch für der Krone kostbarestes Dia‐
dem gelten. Hätte hier die gewöhnliche
Politik den ungestümmen Forderungen des
Zeitgeistes nicht nachgeben sollen, um gröſ‐
seres Unheil zu verhüten? Wäre es bey
einem ruhigen untheilnehmenden Blick auf
die Wiederaufrichtung einer gesunkenen Na‐
tion nicht in den Schranken der konsti‐
tutionellen Monarchie geblieben —
und wäre denn diese — ohne lebhaftes
Interesse und Einmischen, ohne auswärtige
Einsprüche gegen einheimische Bedürf‐
nisse — in Demokratie, und wie es
zulezt geschah, in Anarchie mit allen
jenen Entsetzen erregenden Ursachen und
Wirkungen verwandelt worden? Oder hätte
nicht vielmehr die gefährliche, in ihrem

Be‐

Beginnen schon zweifelhafte Staatssache durch politische Toleranz, selbst auch durch philosophische Maaßregeln über die Hausangelegenheiten eines fremden Volks eine mildere Richtung bekommen? Hätte denn die Politik, nicht einmal der Philosophie, oder besser zu sagen, der Menschheit ein Opfer bringen sollen? *) Dieß sind keine leeren Deklamationen, über die man schlechterdings mit Geringachtung hätte hinwegsehen sollen, wenn man den Hergang nur eines ernsten Nachdenkens würdigen will.

Ja, in Wahrheit! Wahrscheinlich hätte solch ein Opfer, welches nachhin mit so theuerm Aufwand abgedrungen zu werden scheint,

*) Sollte die Philosophie, jezt schon die Lehrerin der Großen, welche einigen Antheil an unsrer heutigen Krise hatte, und zwar einen vor dem Richterstuhl der Vernunft und der reinen Politik unsträflichen Antheil haben konnte, nicht auch eine Stimme im geheimen Rath der Kabinette verdient haben, eine Stimme, welche die Weisen und die Regenten in alten und neuen Zeiten verehrten? —

scheint, einen weit überwiegenden Gewinn
zurück gebracht, wahrscheinlich hätten wir
das wilde Feuer dieses in der Geschichte
merkwürdigsten Krieges von unsern Gren,
zen abgewandt, die Würde und das Leben
des unglücklichen Königpaares und sogar
den Thron gerettet, folglich mit so wei,
ser Mäßigung, Mark und Kräfte unsers
eigenen Vaterlandes erspart. Sehr wahr,
scheinlich hätte ein gelassener, absichten,
loser, für uns selbst speculativer Hinblick
auf die Verbesserung des frankreichischen
Systems — und reiferes Nachdenken, so,
liderer Fürsorge für unser vaterländisches
Staatenglück, kluge Anwendung auf unsre
eigene Haushaltung (bey der vollen Schutz,
wehr der unverletzten Macht Teutsch,
lands) uns vor feindlichen Zudringlichkei,
ten und Einbrüchen gesichert.

Diese Probleme, welche mit allem Re,
spekt für eine höhere Denkungsart, und mit
aufrichtigem Herzen hingeworfen sind, dürf,
ten so schwierig nicht seyn, als sie viel,
leicht scheinen, und ihre Auflösung hätte
zur rechten Zeit dem ungeblendeten Wahr,
heitsforscher und Staatsmanne nicht gar
schwere Arbeit seyn können. Hätten wir
blos

blos vorſichtige Zuſchauer (zwar immer
kampfgerüſtet und waffenfertig) gemacht—
ohne von weitem die geringſte Theilneh=
mung an der verbeſſerten Monarchie,
oder dem beſchränkten Königthum mer=
ken zu laſſen. Frankreich hätte ruhig und
unmißtrauiſch über der neuen Verfaſſung
fortbrüten können zu ihrem Vortheil oder
Schaden — der konſtitutionelle König
hätte keinen Reitz gehabt, auf beſſere Hoff=
nungen die Flucht zu wagen, welche der
Stoff ſeines nachmaligen Unglücks ward,
er hätte ſich an die umgemodelte Mo=
narchie, welche er zuvor zum Schein be=
ſchworen hatte, nunmehr im Ernſte ange=
ſchmiegt, und dadurch ſeine Krone, ſein
Wohl geſichert. Und ſetzen wir die wirk=
liche Abſtellung des Königthums, ſo hätte
man doch der königlichen Würde geſchont.
Jetzt gieng ja auch Monarchie, Thron,
Ehre und alles verloren. Aller Ver=
muthung nach wäre das Nichtkönig=
thum Frankreichs, Zuwachs für unſre
Macht und Intereſſe geworden; denn un=
fehlbar hätten ſich Factiongeiſt und Anar=
chie, ohne unſer Zuthun, von ſelbſt auf=
gerieben.

Und war denn wirklich die beschränkte
Monarchie Frankreichs die Sache Teutschlands und andrer Monarchien? man sollte
denken, mehr scheinbar als gründlich.
Der unbegränzte Despotismus der französischen Monarchie war von jeher eine
beständige Geisel des teutschen Reichs und
seiner Kaiser: ihr trotziger und gebietri-
scher Wirkungskreis drohte immer alles zu
verschlingen und war die lästigste Necke-
rei und Plage für unsre Fürsten; ihre
Beschränkung hätte Vermehrung teutscher
Macht und Größe werden müssen. Eben
so wenig möchte die Sache des Königs
von Frankreich eigentlich die Sache unsrer
Fürsten und Könige gewesen seyn. War-
fen sich die Könige an der Saine nicht
bey jeder Gelegenheit, welche der Intri-
kengeist ihres Kabinets aufspürte, zu ge-
sezgebenden Dictatoren auf unserm Boden
auf, und übten sie nicht immer eine schänd-
liche Tyranney über unser Staats-
recht aus, welches nur ein Spiel ihrer
befehlshaberischen Willkühr war? — Vorzüglich waren Frankreichs Kronen immer
die ärgsten Feinde des Hauses Oesterreich,
gegen das sie alle Mächte aufhetzten und
dessen Verringerung ihr Staatswerk aus-

B   machte,

machte, und zwar bis auf die allerletzte
Allianz von Ludwig XVI. Alles -dieß
verbürgt die pragmatische Geschichte aller
Staaten.

Zweifelhaft bleibt es übrigens immer,
ob nicht die Josephe und Fridriche,
die größten Monarchen Teutschlands, eine
speculative Neutralität dem Zeitbedürfniß
und ihrem Staatsinteresse für zuträglicher
gehalten, und zugegeben hätten, daß die
Revolution in ihrem eigenen Blute er-
stickt, oder aus -demselben empor gekom-
men wäre.

Allein wie haben wir die Feindschaft
der neufrankischen Staatsumwälzer durch
politische Auflehnung auf uns geladen?
Sie, nicht wir, haben zuerst den Krieg angekündigt. Sehr wahr! und dieß bringt
das Recht auf unsre Seite.

Die Revolution nun, um auf unsern
Geschichtsgang einzulenken, breitete sich mit
fruchtbaren Wurzeln im Staatsstamme,
wie in allen innerlichen Zweigen der
Verfassung aus, und machte sich auch äus-
serlich furchtbar. Mit dem innerlichen
Bürgerkriege begann bald der auswärtige.
In der nicht -so ungründlichen Vermuthung,

thung, die neue Konſtitution, welche eine
empfindliche Einſchränkung der monarchi-
ſchen Vorrechte, der Freiheiten und Vor-
züge des adelichen und geiſtlichen Stan-
des, dagegen aber die Erhebung der Men-
ſchenrechte, die Unterſtützung des gebeug-
ten Nährſtandes feſtſetzte, würde im Aus-
lande allgemeines Aufſehen machen, und
beſonders durch die ſehr anſtößige Abwei-
chung von Europas bisherigem Staats-
ſyſtem, den Unwillen der Könige und Groſ-
ſen aufreitzen — in der Beſorgniß, andere Mächte würden hauptſächlich Genug-
thuung für die gewagten Eingriffe in kö-
nigliche Würde und Gerechtſame mit den
Waffen in der Hand fodern — faßten die
nun ſchon einmal von dem Reformations-
geiſte erhitzten Neufrankreicher den raſchen
Entſchluß, den gefürchteten Bewegungen
gegen ihr eigenmächtiges Unternehmen zu-
vorzukommen; Sie kündigten daher allen
Königen, welche ſie ihren neuaufgeſtell-
ten Grundſätzen entgegen zu ſeyn glaubten, den Krieg zuerſt an, und ſchwuren
allen Völkern, die nicht gleiche Geſin-
nungen mit ihnen hätten, Tod und Verderben.

B 2   Die

Die Reihe kam vor allen an den da=
maligen König von Ungarn und Böhmen,
F r a n z II, bald nachher Teutſchlands er=
wählten Kaiſer, und ſofort an die Könige
von England, Spanien, Italien und an
die Generalſtaaten. Niemand konnte ſich
bereden, daß eine Nation, welche erſt das
groſſe weit ausſehende Geſchäft einer gänz=
lichen Staatsumwälzung nach allen Be=
ſtandtheilen in der Arbeit, und einen zwar
dem Aeußerlichen nach konſtitutionellen, aber
im Herzen noch immer unzufriedenen Kö=
nig hatte, eine Nation, welche im einhei=
miſchen Kampf mit ſich ſelbſt befangen,
in zahloſen Factionen von Deſpotism,
Monarchism, Democratie, Ariſtocratie und
Pfafftthum voneinander zertrennt— von
häuslichen Unruhen, von Innen und von
Auſſen gequält— von Mißtrauen in die
durch ſie beleidigte Politik der Großen,
und in ihre eigene Krone geängſtiget
war — eine Nation, deren Finanzen ver=
ſchleudert, deren bürgerliche und Kamme=
ralkräfte erſchöpfet, deren Ausſichten in die
Zukunft höchſt zweifelhaft und dunkel wa=
ren — daß, ſage ich, eine Nation, welche
ihr neues Staatsgeſezbuch mit Bürgerblut
ſchrieb, und ihren Triumph über ariſto=
cra=

cratische Tyranney unter Picken und La-
ternenpfählen auf gemordeten Leichnamen
hielt — mitten in diesen Verwirrungen
den Muth haben sollte, mit halb Europa
kriegerisch sich zu verwerfen, und i h r e
n e u e P o l i t i k allen Nationen aufzudrin-
gen. Dennoch übertraf der Erfolg die
entfernteste Ahnung, ob es gleich bey rei-
ferem Forschblick auf Karacter und Verhältnisse der gallischen Nation nicht so un-
begreiflich gewesen wäre, daß sie — ihrer Natur nach stolz, ehrgeizig, unterneh-
mend, dreist, wohl gar bekanntlich nicht
selten waghalsend, grellrasch in Entschlüs-
fen — und jezt, durch das unter despotischen Fesseln ausgelittene Elend, auf den
höchsten Grad von Reizbarkeit gebracht —
den Rest aller aufgesammelten Kräfte auf-
bieten, alles wagen würde, um ihre
Staatsverbesserungsplane mit Gut und
Leben durchzusetzen und zu vertheidigen.

Der Krieg war nun erklärt und mit
der Erklärung auch schon in vollen Flam-
men. Mehrere Hunderttausende der Neufranken zogen, von patriotischem Enthusias-
mus für Freyheit, Gleichheit und Men-
schenrechte durchglüht, an allen Enden mit

B 3   Wehr

Wehr und Waffen aus: Zuerst stürzten sie
in die österreichischen Niederlande, welche,
ihres blühendsten Wohlstandes ungeachtet,
bereits ohne Ursache über einer dummbos-
haften Empörung gegen die aufgeflärten
und wohlthätigen Einrichtungen ihrer
Souveräne brüteten, und jetzt die Feinde
ihrer rechtmäßigen Herrschaft mit offenen
Armen empfiengen, Feinde, von denen sie
in der übertriebensten Ausdehnung sich
despotisch aufbürden laffen mußten, was sie
von der weisen und mäßigen Fürsorge ihrer Landesherren aufrührisch zu verwerf-
fen suchten. Die Belgier traten mit den
Frankreichern in einen geheimen Bund,
der mit ihrem hauseigenem, aristocrati-
schem und bigotem System in einem lä-
cherlichen Kontraste stand. Anfangs schien
das Waffenglück abwechselnd, man gewann
die Niederlande, und verlor sie eben
so wieder. Aber indeffen der famöse
Custine sich auf teutschem Boden, als
hätte er einen Freybrief, ungehin-
dert und ruhig herein schlich, mit aller
Gemächlichkeit über den Rhein gieng, und
Mainz eroberte, machten sich die vortref-
lichen Krieger des Kaisers, welche schon
im letzten Türkenfriege Monumente ihres

Ruh-

Ruhmes zurück liessen, von Belgien und
weiters dann von den französischen Vesten
Conde und Valenciennes Meister,
und mittlerweile hat auch das teutsche Reich
ein Beispiel einer altheroischen Entschlos-
senheit gegeben, als schwebte wirklich Her-
manns Geist über Thuiskons Söhne, in-
dem eine förmliche Kriegserklärung an
Frankreich erschien, wozu das teutsche
Reich schon durch feindliche Eingriffe in
verschiedene Besitzungen in Elsaß, durch
die billige Theilnahme an der Kränkung
seines Oberhaupts, und häufige Anmassnn-
gen und Mißhandlungen gegen das teutsche
Vaterland aufgefodert wurde.

Jedes Patrioten Herz mußte bey diesem Schritte von hohen Empfindungen
schwellen, da es wahre Freude war, zu
sehen, wie der Gemeingeist den teutschen
Reichskörper beseelte. Der alten teutschen
Fürsten ruhmvoller Heldenmuth, der eh-
mals so furchtbar und in der Geschichte
so auszeichnend war, konnte sich hier auf
der glänzendsten Bahn zeigen. Zu dem
kam noch, daß Preussen jezt der mächtige
Bundsgenosse des Erzhauses Oesterreich
war, und von diesem unserm Vaterlande

B 4

so

so heilsamen Freundschaftsbande, welch
grossen Erwartungen konnte man entgegen
harren? Wenn nun in Vereinigung mit
diesen zwey ersten Mächten Teutschlands
die Gesammtkraft aller Fürsten zugleich zu
einem gemeinsamen Zwecke mitgewürkt
hätte, wenn man mit allem Ernste und
mit aufrichtiger Uebereinstimmung ohne
Zeitverlust nach dem Reichsherkommen und
gewöhnlicher Vorschrift die Reichsarma-
tur hergestellt, die Contingente entrichtet,
und so die angestrengten Unternehmungen
des höchsten Oberhaupts zur gemeinschaftlichen Wohlfahrt unterstützt hätte, gewiß,
das kaltblütige Teutschland hätte dennoch
so mächtigen und fanatischen Ausbrüchen
der neufränkischen Weltenstürmer Einhalt
gethan, und, wenn nicht ganz gesiegt, doch
unstreitig die Verheerung von unserm Ge-
biete abgewendet und eine einer ordentlichen Staatsverfassung angemessene Wirkung hervorgebracht, zumal, da auch andre grosse Mächte, und vorzüglich Frankreichs stärkster Antagonist England, der
Coalition beygetreten sind.

Aber wie wenig wurden diese grossen
Erwartungen erfüllt? Hier suchte man sich
durch

durch das System der Neutralität in
einer Gemeinsache aus dem Handel zu
ziehen — dort machte man bald diese,
bald jene Schwierigkeiten, und schützte
Unmöglichkeit vor, oder verzögerte von
Zeit zu Zeit mit der Ausführung der
reichsständischen Pflichten, welche in einer
so gefährlichen, der vaterländischen Grund‐
verfassung drohenden Lage, mit der mög‐
lichsten Thätigkeit und dem lebhaftesten
Gesammtwillen betrieben werden sollten,
oder man that endlich nur alles zur Hälfte
und mit einem dem ganzen Operations‐
plane schädlichen Kaltsinn. So verschwan‐
den Monate und Jahre über Deliberatio‐
nen, Protocollöfnungen, Vorschlägen, Vo‐
tirungen, Auffoderungen und Rescripten,
und damit verschwanden alle Hilfsmittel,
dem einreissenden Strome einen hinlängli‐
chen Damm zu setzen. Dieß bezeugen die
vielen kaiserlichen Hofdecrete, Reichsgut‐
achten und Abstimmungen patriotisch ge‐
sinnter Fürsten, wie namentlich von Kur‐
sachsen und Hessenkassel, deren Truppen
mit altteutscher Tapferkeit fochten, und
selbst von Kurbrandenburg, dessen Reichs‐
patriotismus anfangs theils durch die
theilnehmenden Erklärungen am Reichs‐

tage,

tage, theils auch durch die bewährte
Heldenkraft seiner Bremen, auf denen der
Geist Friedrichs noch ruhen wird. Die
brave und getreue Reichsstadt Frank-
furt, und dann die beträchtlichste Reichs-
veste und Vormauer Mainz in Verbindung mit jenen, und der beispiellosen Mitwirkung der Oesterreicher wieder aus
den Klauen der Frankreicher retten half.
Und dieß war und ist noch das einzige
Werk der teutschen Koalition; übrigens
aber lag die concentrirende Spannkraft
des Reichsverbandes darnieder, ausser
Sachsen, Hessen, und Pfalzbaiern, welches
letztere das bereits Versäumte zu spät er-
setzen wollte, und dem geringfügigen Beytritt der geistlichen Höfe geschah nichts,
oder vielmehr alles lag im unerwecklichen
Schlummer, nichts halfen die kaiserlichen
Klagen und Vorstellungen, nichts konnte
mehr die bedeutendste Macht und Bieder-
keit der österreichischen Heerhauffen allein
gegen die Ueberschwemmung der andrin-
genden Fürsten- und Thronenfeinde bewir-
ken, nichts konnten die ungeheuern Aufopferungen des höchsten Reichsoberhaupts
an Mannschaft und Geld in Electrisirung
der erschlaffenden Kräfte fruchten, und
zwar

zwar um so weniger, als Preussens pa-
triotische Gesinnungen zu erkalten begän-
nen, und dessen Privat-Interesse mit dem
Interesse andrer Fürstenhöfe verwickelt zu
werden. Die Neufrankreicher wußten
diese grossen Lücken im Reichsverband
treflich zu benützen, immer frische Kräfte
zu sammeln, und allmählig mit einem zur
Halbscheide überwiegenden Cordon von fanatischen Freyheitsfechtern die grosse und
heldenmüthige Macht Oesterreichs zu ent-
mannen. Man ließ ihnen selbst freyen
Spielraum, und wie konnte es das einzige
Oesterreich jenseits des Rheins, sich selbst
überlassen, gegen die schreckliche und
stets zuwachsende Ueberlegenheit ausdau-
ern? Nicht nur ganz Belgien, auch die
schon eroberten Vesten, und überdieß noch
ganze teutsche Strecken zwischen dem Rhein
und der Maas hin, sind der feindlichen
Uebermacht zur Beute geworden. Wir
mußten blosse Zuseher seyn, wie man in
Paris auf den Trümmern des zusamm-
geworfenen Thrones eine republicanische
Konstitution errichtete, wie Frankreichs König und seine Gattin, eine österreichische
Prinzessin, auf dem Schavott den schändli-
chen Tod litten, wie endlich unsre Absichten

ten alle zerstört wurden, von denen wir
ausgegangen sind.

Dieß waren die Folgen des politischen
Unglaubens, des ceremoniösen Phleg-
ma, vorzüglich des konvenienzmäßigen
Widersprechungsgeistes und der egoistischen
Scheelsucht. Und in diesen Umständen,
und indessen man am Reichstage auf bil-
liges Andringen des Kaiserhofes mit ree-
len Rathschlägen, über endliche Concentra-
tion der Gesammtkräfte, über reichsgesetz-
liche Abführung der Römermonate und
des fünffachen Kontingents beschäftiget
war — indessen gleichfalls die kritischen
Umstände der neuen Republikaner
versprachen, mit den Waffen in der Hand
einen ehrlichen Frieden erzwingen zu können — kommt von Basel die Nachricht
daß der Kurfürst von Brandenburg und
König in Preussen einen Separatfrieden, und noch ins besondere eine Off- und
Defensivallianz mit der von ihm zuerst
anerkannten Republik nebst geheimen Artickeln abgeschlossen habe.

Aus diesem ergiebt sich die zweyte
Frage:

Aus

Aus welchem Gesichtspunkte ist dieser letztere Vorfall zu betrachten? Soll das teutsche Reich nun auch Frieden mit der neufränkischen Republik machen, und was kommen dabey für kritische Bemerkungen vor?

Die Delicatesse dieses äußerst wichtigen Punktes mit der königlich preussischen Trennung von der Koalition ist zu groß, als daß sie nicht die möglichste Vorsicht anrathen sollte, die verbindliche Ehrfurcht sowohl gegen die Sache selbst, als zuvörderst gegen den hohen Urheber derselben nicht ausser Acht zu lassen. Beleidigende Sarkasmen auf eine Macht, welcher unser teutsches Vaterland die tiefste Verehrung schuldig ist, sind Geburten einer strafbaren Partheysucht; vernünftige Bemerkungen aber, tragen das Gepräge einer erlaubten Wahrheitsliebe, welche auch von dem Andersdenkenden nicht ganz verworfen wird.

Daß man an einem Frieden mit Frankreich arbeiten müsse, ward schon zur Sprache am Reichstage, und selbst die Kaiser-

kaiferliche Erklärung war nicht dagegen;
nur sollte der Friede auf allen Fall
zwey unumgängliche Eigenschaften haben,
nämlich, er sollte annehmlich, und dann
allgemein seyn. Und diese beyden Eigenschaften fliessen aus der Natur der
Sache. Dahin zielten Bewegursache und
Zweck der Koalition und des Reichskriegs. Annehmlich sollte der Friede
seyn, das heißt, der Würde, den Absichten,
der Verfassung und dem Interesse des
teutschen Vaterlandes entsprechend. Alle
Abstimmungen in Regensburg und selbst
alle, von Kurbrandenburg führten diese
Sprache, und konnten keine andere führen;
denn Niemand wollte ja einst in der Va-
terlandsgeschichte ein ewiges Schandmal
aufstellen. Keine andere Frage konnte
also hier mehr seyn, als wie jene An-
nehmlichkeit des Friedens bewirkt
werden könne? Und diese wird dadurch
beantwortet, daß der Friede auch allgemein seyn müsse.

Der gegenwärtige Krieg war ein ab-
gezwungener Krieg der Koalition, aber
noch mehr, er war ein Krieg des gesammten teutschen Reichs; es kann
also

also auch nur ein allgemeiner, das heißt, ein Reichsfriede werden. Der Vordersatz ist wohl nicht zu leugnen, und dessen Beweis liegt in den Thatsachen. Der König von Preussen war einer der ersten, der der Koalition gegen Neufrankreich beytrat, der es für gut fand, die Sache der angegriffenen Könige mit der seinigen zu vertheidigen, und der mit andern die löbliche Absicht hatte, die Rechte des Thrones und der politischen Ordnung in Frankreich herzustellen. Die Koalition sollte zur Erreichung eines und eben desselben Zweckes in Gesammtheit mitwirken, wozu sich Preussen kontractmäßig verband.

Von Seite Kurbrandenburgs, stimmte man zum Reichskriege, und die schönsten, die edelsten Erklärungen und Aufmunterungen erschienen von Zeit zu Zeit, wie man mit Gesammtwillen und in verbandmäßiger Eintracht zu dem gleichen Gesammtzwecke hintrachten solle; der König war noch insbesondere der alliirte und freundschaftliche Bundsgenosse des Kaisers, nachher auch des Königs von Großbrittanien, wobey man sich noch bekannt.

kanntlich zu eignen Verbindlichkeiten an-
heischig machte. Dieser Krieg ist also ein
Krieg der Koalition, ein Krieg des Reichs
(in corpore) er ist allgemein. Es
muß also auch der Friede, ein Friede der
Koalition und noch weit mehr ein Friede
des gesammten Reiches, das ist, ein allgemeiner Friede werden. Ohne diese wesentliche Allgemeinheit, in engster
Verbindung aller Reichsmitglieder zusamm
mit dem höchsten Oberhaupt, ist es nicht
möglich, einen annehmlichen Frieden zu
bezwecken, das heißt, einen Frieden für das
Reich, welcher das Ganze aufrecht erhalten
und die Resultate hieraus begründen soll.
Tritt aber Privatinteresse und individuelle
Rücksicht von Einzelnen an die Stelle des
Gemeinsinns, so werden das Gesammt-
bündniß und dessen Wirkungen zerstört,
so ist der allgemeine Zweck des Reichskrieges, welchen man allgemein unter-
nommen, und mit vereinigten Kräften aus-
zuführen sich verpflichtet hat, verfehlt, folglich kann auch keine allgemeine An-
nehmlichkeit des Friedens für das
Ganze statt finden, welches alsdann bey
einer sichtbaren Trennung sich in Brüche
verlieren muß, worunter das Gemeinbeßte
des

des Reiches den' größten Schaden leidet.
Nach diesen unstreitigen Grundsätzen und
Folgerungen, welche mit der teutschen
Verfassung, so wie sie bis hieher existirt
hat, unauflösbar zusammen hängen, wird
es nicht leicht zu erklären seyn, wie der
Hof von Berlin, welcher der Allgemeinheit des erklärten Reichskriegs fey-
erlich beygetreten ist, nunmehr einen einseitigen Friedensvertrag mit dem Feinde
des teutschen Reichs und seines Oberhaupts eingehen könne, wenigstens ohne
Verletzung des Reichsverbands und des ge-
gebenen Worts, womit bey der gemeinschaftlichen Reichskriegserklärung die unver-
brüchliche Anhänglichkeit an deutsches
Gesammtintereße zugesichert ward.

Es sey dahin gestellt, ob es nicht
gegen die Staatsgerechtigkeit streite, wenn
die Krone Preussen vor der allgemeinen Koalition der auswärtigen Mächte,
zumal Großbrittaniens, abgeht, und
sich auf die feindliche Seite schlägt, obwohl auch hier eine besondere Bundesge-
noßenschaft obwaltet, welche durch die ver-
willigten Subsidiengelder zur Bestreitung
des Gemeinkrieges vermehrt wurde, und

C   ob-

obwohl es um den Kredit aller hohen
Allianzen eine mißliche Aussicht bekäme,
wenn sie auf Beßerdünken und Privat-
nutzen sogleich wieder gebrochen werden
könnten. Aber daß Kurbrandenburg
in Gemäßheit eines der ersten Reichs-
mitstände gegen die allgemeine Annehmung
des Reichskrieges und deren abzuleiten-
den Verbindlichkeiten, gegen die teutsche
Allianz sich lossagt, und zwar in dem ver-
worrensten Zeitpunkt, da eine allgemein
annehmliche Reichsfriedensnegotiation
im Werke war, scheint nicht nur den
dermaligen Verhältnißen des eingegange-
nen Bündnißes und Gesammtwillens gegen die Fortschritte der neufrankischen
Republik zu widersprechen, sondern überhaupt schon den Ideen, den Gesetzen
und dem pragmatischen Herkommen der
teutschen Grundverfaßung.

Unter den ersten Fundamentalgesetzen
unsers teutschen Reichssystems stehen oben
an, der westphälische Friede, und
die von Zeit zu Zeit immermehr refor-
mirten Wahlkapitulationen, Fun-
damentalgesetze, deren Heiligkeit und
unverrückte Bevestigung von jeher die
preuß-

preuſſiſchen Staatsſchriften bey allen Ge=
legenheiten zu ihrem Vortheil rühmlich
angeführt und empfohlen haben. Und
hierauf beruht auch das Reichsherkom=
men, die wechſelſeitige Verbindlichkeit der
Reichsſtandſchaft untereinander, folglich
das allgemeine Intereſſe des Reichsver=
bandes, deſſen Natur bey entſchie=
denen Gemeinſachen das einzelne
Privatintereſſe nicht annehmen kann.
Dieſem zufolge iſt zwar ein Reichsſtand
berechtiget, alles zu thun, was mit ſei=
ner Territorialhoheit, und den Fürſten=
rechten übereinſtimmt, inſofern er den
obigen Reichsgrundgeſetzen nicht zuwider
handelt, und inſofern einem andern
Reichsmitſtande dadurch kein Unrecht oder
Nachtheil zugeht. Die ausdrücklichen
Vorſchriften des weſtphäliſchen Frie=
dens zielen dahin, daß in allen öffent=
lichen und wichtigen Reichsgeſchäften je=
der Mitſtand, und alle Mitſtände zu=
gleich als ein Körper, ein Ganzes
betrachtet werden, und die Mehrheit
der Stimmen gelten ſollen,*) wenige

C 2 Fälle

---

*) Ex actis imperii cuiuscunque temporis
observare licet, quod status imp. in pub-
licis

Fälle ausgenommen, wo eine Rücksicht auf die Allgemeinheit geistliche und Religionsfachen die Abfonderung in Theile zulaffen, oder wenn in eigenen beftimmten Fällen, z. B. bey Abfaffung neuer Gefetze, die Unanimität erfodert wird.

Vorzüglich bey Bündniffen, welche das Reich unter fich, oder mit andern abfchlieffen will, oder wenn ein Friedensgefchäft in Betreff des Ganzen vorkommt, und fonft eine öffentliche Reichsangelegenheit, genieffen die Stände dann nach Ausweifung des Weftphälifchen Friedens*) und der ftets üblichen Obfer

licis negotiis tanquam unum corpus confiderentur. Namque pluralitas volonem tunc demum attenditur, ubi res, de qua fuffragia colliguntur pertinet ad Univerfitatem ut Univerfitatem. Status autem imperium conftituunt, i. e. Univerfitatem. Zieglerus ad Grotium de J. B. et P.

*) Gaudeant Status, fine contradictione jure fuffragii in omnibus deliberationibus fuper negotiis imperii, praefertim ubi pax aut

Obſervanz, wie es ausdrücklich da-
ſelbſt heißt, das Stimmrecht in allen
Rathſchlagungen ohne Widerſpruch, beſonders wo Friedensſchlüſſe zu machen,
Bündniſſe einzugehen, oder andre dergleichen Reichsgeſchäfte zu verrichten ſind.
Hierinnfalls kann, wie an der nämlichen
Stelle des gedachten Inſtruments, welches immer als Baſis in Beurtheilung
aller Reichsverhandlungen angeſehen wird,
beygeſezt ſteht, nichts zugelaſſen noch
entſchieden werden, was nicht mit
koncilialiſchen, und freyer Stimmenmehrheit, und Einwilligung
der Stände geſchieht.

Nun wird wohl kein Zweifel übrig
ſeyn, ob der Gegenſtand des teutſchen
Krieges und Friedens, mit der Franken-
republik unter die erſten und öfentlichen
Reichsgeſchäfte gerechnet werden könne,
C 3   auch

aut foedera facienda aliave eiusmodi
negotia peragenda fuerint, nihil horum
aut quidquam fimile poſthac unquam fiat
vel admittatur, nifi de comitiali liberoque
omnium Imperii Statuum ſuffragio et
conſenſu. P. W. Art. 8. §. 2.

auch nicht, ob die komitialische und freye
Mehrheit der Stimmen und Einwilligung der Stände erforderlich sey, da die
Kriegserklärung allgemeine Verhandlung
des Reichs war, und folglich eben so
der daraus sich ergebende Friedensschluß
als allgemeine Staatssache der Stände
betrachtet, und in dieser Rücksicht, dem
Grundgesetze des westphälischen Friedens
gemäß, mit Stimmenmehrheit und Einwilligung der Stände vollendet werden,
somit keinem Mitglied erlaubt seyn muß,
einseitig für sich ohne Komitialvorwis-
sen und Uebereinstimmung zu thun.

Um so weniger dürfte also einigem
Zweifel unterworfen seyn, ob der preuß-
sische Separatfriede, und oben drein
die Off- und Defensivallianz mit
der Frankenrepublik wider die Vorschrift des westphälischen Grundgesetzes
streite. Kurbrandenburg gab nicht
nur zum gegenwärtigen Reichskriege
seine Stimme, sondern bestättigte auch,
als einer der ersten und mächtigsten
Stände, mit der lebhaftesten Theilnahme
an dem Gemeinzwecke im Felde seinen
wirklichen Beytritt; Kurbrandenburg
betrach-

betrachtete also das Geschäft mit Frankreich als eine allgemeine Reichsangelegenheit, welche nach dem westphälischen Friedensinstrument nur durch
die Stimmenmehrheit und Einwilligung
geschlichtet werden müsse, und Kurbrandenburg hat aus diesen Gründen leicht
eingesehen, daß auch der Friede nur als
allgemeine Reichssache allgemein abgethan,
und ohne komitialische freye Ge-
sammtstimmung reichsgrundgesetz-
lich und im ordentlichen reichsverfas-
sungsmäßigem Wege nicht von irgend einem Stande beeinseitiget werden konnte.
Und dennoch hat man in Basel mit dem
republikanischen Gesandten Barthelemy
nicht nur für die Krone Preussen, sondern
auch für Kurbrandenburg einen Partiku-
larfriedensvertrag unterzeichnet, indeß in
Regensburg am Reichstage die De-
liberationen über die allgemeine Einlei-
tung eines soviel möglich für das gemiß-
handelte Teutschland ersprießlichen Friedens ihren Anfang nahmen. Man ließ
sich von preussischer Seite mit einem ein-
fachen Partikuliervertrag nicht begnügen,
es wurde ein Vertheidigungs- und An-
greiffungsbündniß mit dem Konvent in

Paris

Paris getroffen, und eine Demarka=
zionslinie gezogen, welche jezt von der
neuen Allianz der Frankenrepublik teut=
schen Fürsten und Völkern als Grenze
vorgezeichnet war, über die sich ihre ge=
rechten, selbst von Preussen vorher als ge=
recht anerkannten Waffen gegen den
Hauptfeind, des teutschen Reichs nicht
wagen dürften, und wobey alle Mit=
theilung für Frankreich sollte begünstiget,
hingegen jene für das teutsche Vater=
land abgehalten werden. Dem braven
Patrioten mußte hier das Herz bluten,
wenn er jezt die großen Hofnungen ver=
eitelt sah, die er von der thätigen Mit=
wirkung Sr. Königlichen Majestät von
Preussen, als einem so vielvermögenden
Reichsstande bis aus Ende dieses fata=
len Handels hegte, und hegen mußte, da
Höchstselbe immer die Kriegssache mit
den Frankreichischen Staatsumwälzern als
eine förmliche Gemeinsache des
teutschen Reichskörpers mit verei=
nigter Macht betrieben wissen wollten,
und zu diesem Zwecke Ihrerseits die
theuersten Versicherungen ins Publikum
kommen ließen. Wie konnte auf ein=
mal jene berüchtigte, in Teutschlands
Hallen

Hallen so oft wiederholte Gemein=
stimme: Wer nicht für uns ist, der
ist wider uns, als damit der Lang=
muth einiger teutschen Fürsten aufgereizt
werden sollte, so geschwinde in eine
feindliche Partikularstimme zwischen Preus=
sen und der Frankenrepublik: Wer
nicht für uns ist, der ist wider
uns, verwandelt werden?

Allein, scheint der Separatfriede und
die feindliche Demarkazionslinie gegen das
teutsche Reich, dem Gemeingeiste und
den Grundgesetzen der teutschen Verfas=
sung zu widersprechen, so scheint er auch
ein offenbarer Bruch gegen die auswär=
tige Koalizion, und besonders gegen die
feyerliche Allianz mit dem Erzhause
Oestreich zu seyn. Nichts von der be=
trächtlichen Unterstützung des siegreichen
Englands zu melden, hätte die berühm=
te Konvention in Reichenbach,
wodurch die so kostspieligen als großen
Eroberungen Josephs II. wieder zurück
kamen, hätte der Freundschaftsvertrag in
Pillniz, auf dessen heilsame Wirkungs=
kraft Teutschland so viel Vertrauen sezte,
hätte die Asche des beßten Leopolds

C 5   durch

42

durch jene großmüthigen Konvenienzen bey
dem schönen Zuwachs des Hauses Bran,
denburg mit Danzig und Thorn, wo,
durch dieses seine herrliche Landmiliz noch
mit einer ehrwürdigen Seemacht, und
die Zirkulazion der Finanzen mittelst
der neubelebten Komerzkanäle vergrößerte,
nicht ein kleines Opfer verdient? hätte
Franz II mit der angestammten Bie,
derkeit des Erzhauses Oestreich nicht
gleiche Trautheit der Gesinnungen er=
warten dürfen? — Oder was würde
man in Berlin gesagt haben, wenn man
von Wien aus allen Seitenweg verram,
melt, und zuerst einen einseitigen
Frieden mit der Frankenrepublik in der
Stille geschlossen hätte?

Aber die erschöpften Aufopferungen
der Schatzkammer in Berlin, die Unver=
mögenheit, länger einem verderblichen
Reichskriege beyzuhelfen, die dringendste
Nothwendigkeit, einmal die Bahn des
Friedens zu brechen, und mit einem auf=
munternden Beyspiel vorzuleuchten, sind
dieß nicht Rechtfertigungsgründe genug
für den Preussischen Separatfrieden?
Wahrlich eben so viele Zeugnisse des Pa=
triotis=

triotismus sind vorhanden, daß auch andere .teutsche Fürsten sehr vieles, und noch weit mehr dem Vaterland zum Opfer gebracht, auch Oestreich, welches erst sein Geld, seine Munizion, seine Truppen von Osten gegen Süden und Norden wandern lassen mußte, hat dem teutschen Reich gewiß ein Muster von Edelmuth dargestellt, und würde bey mehrerer Mitwirkung auch größere Erfolge erzeugt haben; auch der Kaiser hat zu allem Ueberfluß und weit über den Bezirk seiner oberstherrlichen Pflichten sich nicht die äußerste Anstrengung gereuen lassen, zum Beßten des Reichs alles zu thun. Und würde der Erzherzog von Oestreich allein nicht mehr für seinen Privatnuzen haben sorgen können, als das Oberhaupt des teutschen Reichs, welches nur die allgemeine Angelegenheit des ganzen Reichskörpers vor Augen hatte, und sich nun seinem Schicksale überlassen sieht?

Doch Preussens Staatsverhältniß und Interesse, die Konvenienz! Selbst Schriftsteller, welche vielleicht eine etwas zu parthenische Vorliebe auf Kosten der Wahrheit verrathen, führen des preussi-

schen

schen Hofes Staatsinteresse und Konvenienz als die stärkste Grundsäule an,
worauf sich dessen System erhalten kann.
Aber dieß wäre ja eben dem Gemein-
system der teutschen Reichsverfas-
sung zuwider, dem zufolge alle Reichsstände zusammen in unauflöslichen Verband, und in engster Verbindung mit
ihrem Oberhaupte zu gemeinschaftlichen
Zwecken hinarbeiten müssen, wenn von
allgemeinen Reichsgeschäften die Rede ist,
wie hier bey dem Krieg oder Frieden
mit der neuen Frankenrepublik. Die
Folgen einer einzelnen Absonderung von
dem Gemeinverband dürften daher
nicht die erwünschlichsten seyn, und der
Abstand von dem unentbehrlichen Gemeinsinn müßte eine gefährliche Verwirrung
in das Ganze bringen. So sehr aber
in unserm Falle die Vermuthung für die
höchste Person Sr. Königl. Majestät in
Preussen eintrit, daß die beßten Absichten bey dem Separatfriedensvertrag zum
Grunde, um dem reichsverderblichen
Kriegsunheil endlich zu steuern, wie dieß
die versprochene vielvermögende Verwen-
dung für das teutsche Reich beweisen
könnte, so ist es doch immer bedenklich,

ob

ob der Augenblick gut gewählt, das heißt, für den Gemeinzweck, für das Ganze vortheilhaft, ob der Friede so sehr zu übereilen, und auf Gerathewohl zu bauen war? Mit der Frage: ob wir Frieden mit der Frankenrepublik machen sollen, sind die Nebenfragen verknüpft, soll dieser Friede erbettelt, soll er nach der Willkür unserer Feinde bestimmt, soll er mit den nächsten beßten Rettungsmitteln aufgenommen werden? Das Reich und dessen Oberhaupt wollen den Frieden, dieß geben die heutigen Thatsachen am Reichstage zu erkennen; aber ist er so sehr nothgedrungen dieser Friede, sind wir wirklich in so bedaurungswerther Verlegenheit, daß wir die neufränkische Zuchtruthe in Demuth küssen, und, wie unmündige Kinder, Schonung erflehen müssen? So tief ist Teutschlands Macht und Ansehen noch nicht herabgesunken. Wir sollen Frieden haben, wir sollen ihn bald haben, unsere Fürsten, unsere Völker seufzen ihm selbst entgegen, aber wir sollen ihn mit Ueberlegung aus seinen Ursachen und Wirkungen von selbst hervorgehen lassen; er soll nicht mit Erniedrigung des teutschen Namens,

mens, nicht mit unsrer Ehre, mit unserm
Gut vermäckelt werden. Wir fragen noch
einmal, ist er denn von der bittersten Noth
abgezwungen dieser Friede? Die vorlie-
genden Umstände von allen Seiten be-
antworten diese wichtige Frage vernei-
nend. Weder in Hinsicht auf Teutschlands noch bestehende Kriegsmacht, noch
in Hinsicht auf die Verhältnisse der Republikaner in Frankreich mit uns, ist der
Friede nothgedrungen. Nicht das erste;
wir haben zwar, es ist nicht zu läug-
nen, einen empfindlichen Verlust gelitten;
Volk, Land, Geld ist in Menge versplit-
tert. Aber das teutsche Reich ist noch
nicht in dem kläglichsten Zustande eines
Kranken, der kaum mehr Athem holen
kann, und nur mit Mühe nach der lez-
ten Wegzehrung hascht. Die bis izt im
Felde stehenden Heere sind Zeugen, daß
wir noch nicht über vertrocknetes Mark
klagen dürfen, unsre Quellen, die Mi-
liz und die Erfordernisse zu behaupten,
sind nichts weniger als versiegt, unsre
Armeen entkräftet noch nicht der tod-
blasse Hunger, sie erwarten den Feind
in guter Rüstung, und voller Manns-
kraft.

kraft. *) Und dabey ist Teutschlands Na-
zionalenergie noch nicht angestrengt worden. Wären erst unsere Völker gleich
den Frankreichern in Masse aufgestanden,
wären von Seite des Reichs die Kon-
ringente nach den Zeitbedürfnissen entrichtet worden, wäre der teutsche Gemeingeist in untrennbarer Verbindung
der Glieder und des Hauptes mit gleich
elastischer und schneller Thätigkeit auf einen Gesichtspunkt hin wirksam gewesen,
wie mächtig würden wir der großen
Macht der Neufranken die Stirne gebo-
ten haben? Was könnten wir noch lei-
sten, wenn wir mit ernstem Gemeinsinn
auf Zweck und Mittel bedacht wären?
Was hätte man nicht noch in die Zukunft von dem beyspiellosen Eifer Sr.
Kaiserlichen Majestät, als Erzherzog von
Oestreich und als Teutschlands Oberhaupt zu hoffen, höchstwelche nicht so
fast aus Privatinteresse, als aus geschicht-
würdi-

*) Die braven Sachsen, Hessen, Pfälzer
und Oestreicher, wie brennen sie nicht
für Begierde, sich mit den Feinden ihrer
Fürsten zu messen?

würdiger Obhut über das Gemeinwesen
alles aufzubieten in öffentlichen Erklärun=
gen bereit sind, was in aufrichtiger ge=
meinsamer Zusammenwirkung aller Stände
zur Herstellung eines anständigen Frie=
dens beytragen kann. Wie viele Hülfs=
quellen hat Oestreich, welche kaum merk=
lich, oder gar nicht geöfnet sind, wie
großmüthig und zahlreich waren die Lan=
desbeyträge, und noch überdieß freywillig,
und was könnten und würden die ge=
treuen Oestreicher, welche ihren Souve=
rän lieben, ferners thun, wenn sie sä=
hen, daß man mit dem Erzhause redlich
zu Werke geht? leidet der gegenwärtige
Nationalreichthum die geringste Schwäche,
welche Schätze lägen in den Klöstern und
in den Wahlfahrtskirchen verborgen, die,
aus den öden Winkeln hervorgezogen,
für die Sache des Landesherrn wirken
könnten? Bringt man noch zu dem allen
die standhafte, und auf der politischen
Waagschaale Europa's schwer wiegende
Allianz Großbritaniens mit dem Kaiser
der Teutschen in Anschlag, eine Allianz,
welche, solid in Bewegursache und Ab=
sicht, Frankreich vor alten Zeiten schon
furchtbar wär, und wodurch der Kaiser

Stoff

Stoff gewinnt, im Einverständniß mit dem erhabenen Sieger der Französischen Inseln eine bündige Sprache mit dem Nationalkonvent zu führen — wenn man diesen richtigen Zusammenhang der politischen Verhältnisse überdenkt, so läßt sich nicht absehen, warum, und wie das teutsche Reich mit seinem Oberhaupt bis diese Stunde in solchem Gedränge seyn soll, von der Neufrankenrepublik als überwundene Sklavin sich Friedensgesetze in Basel vordiktiren zu lassen.

Aber auch selbst die Beschaffenheit der Republikanischen Kriegsumstände ist von keiner so grossen Bedeutung, daß der beschleunigte Friede des teutschen Reichs eine blosse Nothwehr gegen die feindliche Uebermacht seyn müßte. Wir wissen zwar, daß eben diese Uebermacht allein über die Tapferkeit der kaiserlichen und anderer Reichstruppen Siege erfochten hat, deren leidige Folgen wir grossentheils auf Rechnung partikulärer Abweichungen von dem Gemeinwerk schreiben können; aber wir wissen auch eben sowohl, daß diese Siege der Feinde, mehr glänzend als reell, mit ganz außerordent-

D

ferordentlicher Ermüdung erkämpft, ih=
nen eine Bürde auf den Nacken wer=
fen, die sie in die Länge nicht mehr er=
tragen können. Schon seit geraumer
Zeit wüthen Hunger, Dürftigkeit und
Entkräftung, wie die Pest, unter den
republikanischen Armeen. In den erober=
ten Ländern ist nichts mehr zu erholen,
da bereits alle Kassen ausgeraubt, alle
Wohnungen geplündert und alle Bürger
verarmt sind. Keine Aushilfe bleibt
mehr, dem Soldaten zureichende Nah=
rung, durch Kontribuzionen und alle Ar=
ten von Erpressungen, zu verschaffen; die
fanatische Wuth der Freyheitskämpfer ist
nun sehr gedemüthiget, ihr Muth erkal=
tet, und eine gewisse Läßigkeit hat sich
wie ein zehrender Wurm in die Feinde
eingeschlichen, welche selbst laut das Ende
ihrer Drangsale zu wünschen anfangen.
Auch in Paris, im Nationalkonvent, in
ganz Frankreich sehnt man sich nach dem
Genuß der Republikanischen Früchte, wel=
chen die Fortdauer des Krieges verzögert,
oder zulezt gar vernichten dürfte. Ob=
gleich die Jakobinerparthey, der Terroris=
mus und Anarchie unterdrückt sind, so
treiben doch noch Faktionen im Dunkeln
ihr

ihr Spiel, und der Konvent schwebt noch immer in Gefahr, bey der Fortsetzung der Unruhen von Außen und von Innen die Hauptsache zu verlieren, nämlich eine gründliche, feste und sichere Konstituzion der Republik, an deren Belebung und Konsolidirung der Nazion weit mehr gelegen ist, als an einer längern Geld-Blut- und Menschenvergeudung.

Der Gang täglicher Begebenheiten zeigt uns diese unverkennbaren Wahrheiten. Die Sachwalter der Neufrankenrepublik fühlen selbst ihre Schwäche, und scheuen sich nicht mehr, für die Nothwendigkeit, für den Nutzen des baldigen Friedens in den Versammlungen zu sprechen. Abt Sieyes, ein Mann von dem bedeutendsten Einfluße beym Anfang, und jezt beym Schluße der Revoluzion, bekennt in einer Rede, sie mag erdichtet oder wirklich seyn, die Wahrheit, daß nur der Friede Stütze und Wohlthat der Republik werden könne; Eben so laut, sagt er, wie in des Auslandes Thälern, erschallt die Stimme des Friedens um uns. Sie ist die Tochter des Hungers bey unsern

D 2   Fein-

Feinden (er hätte gewiß treffender ge=
sagt: bey unsern Republikanern), die
Tochter der Verzweifelung bey
den Bürgern der Republik! — die
Stimme des Friedens ist eine ge=
setzgebende Macht geworden, die
uns beherrscht; sie ist der allge=
meine Wille: aber noch mehr, diese
Stimme ist auch die Stimme der
allgemeinen Noth. Seht um
euch her, und betrachtet die Ver=
wüstung des Krieges um euch,
die Folge der ungeheuern An=
strengung, die uns nöthig war
u. s. w.

Und diese Friedensstimme erhebt sich
wirklich in Frankreich weit dringender
und allgemeiner als in unserm Teutsch=
land. Die Sieger wandelt sogar schon
die Furcht, die Zerstörerinn aller Groß=
thaten, an, sie möchten bey einem län=
gern Trotzsinn, und Prüfung ihrer ge=
fühlten Schwäche, in Zukunft ihre lästi=
gen Triumphe nicht behaupten: sie schei=
nen für den Zeitpunkt bange zu seyn, in
dem man aufhören muß, zu siegen, um
nicht zehnfach mehr zu verlieren. Mer=
ken

ken wir es noch nicht, die Republikaner
säumen jezt über den Rhein zu gehen,
um nicht die Kraft und den Gemeingeist einmal aufzureißen. Sie yes ruft
ihnen zu: Hütet euch Bürger! daß
ein Schritt über den Rhein ihren
Hermann nicht aufwecke! Er macht
uns blos Vorwürfe über unsre langmü-
thige Unthätigkeit, über unsre politische
Nichteinheit. — Dieser Mann getraut
sich, uns ins Angesicht vor ganz Europa
zu sagen: Teutschlands Fürsten
sind unschlüßig und nicht zu ver-
einigen; sie sprechen von Krieg
und haben keine Heere; sie fürch-
ten die Gefahr, und thun nichts,
um sie abzuwenden. Seine Ein-
wohner gleichen seinen Fürsten;
sie haben Energie, aber sie schläft;
der teutsche Geist scheint gewi-
chen rc.

Und diese Vorwürfe, welche so viele
bittere Wahrheiten enthalten, sollen, oder
wollen wir von einem Franzosen dul-
den? Unsere Gebrechen also, die Schuld
an unserm bisherigen Unglück waren,
müssen wir von unsern eignen Feinden
kennen

kennen lernen? An nichts fehlt es uns
also, als an ernster Entschloffenheit,
an lebhafter Zusammenwirkung, kurz, am
Gemeingeiste? Dieses feindliche Ge-
ständniß soll uns nicht auf die Vortheile, die in uns selbst liegen, auf-
merksam machen, soll uns nicht zur
Verbefferung der weitern Maaßregeln
anspornen? Soll uns nicht anfeuern,
den teutschen Gemeingeist zur glückli-
chen Abschlieffung der allgemeinen Staatssache, wie der gegenwärtige Krieg und
Friede ist, in voller Kraft wirken zu
laffen?

Bey diesen schönen Aussichten hätte
der Berliner Hof keine Ursache gehabt,
so sehr auf Uebereilung des Friedens zu
dringen, vielweniger selbst einen einzelnen Vertrag mit dem Feinde des Vaterlandes zu schliessen. Wie wenn Kurbrandenburg im Gegentheil bey diesen schönen Aussichten, welche dem
denkenden Zeitforscher die Verhältnisse
zwischen Teutschland und Frankreich dar-
bieten, den löblichen Gemeingeist,
welchen es anfangs selbst allenthalben
so sehr anpries, und in Manifesten
äufferte,

äusserte, mit einem ausharrenden Beyspiel
befolgt hätte — wie erwünschlich hätten
wir einen anständigen, einen gedeihli-
chen und allgemeinen Reichsfrie-
den mit den Waffen in der Hand erzwingen können? Oder sollte es an dem
seyn, daß Preussen durch den friedfer-
tigen Beytritt zur Frankenrepublik eine
wirkliche Präponderanz in unserm
Staatssystem zum Vortheil der leztern
gegen uns erhalten, um Kaiser und
Reich zu einem prekären und überrasch-
ten Frieden zu nöthigen?— O so wäre
es denn wahr, was wir für uns nicht
zu behaupten wagen, was aber der be-
rühmte Pufendorf schon vor langem
öfentlich vor dem Publikum gesagt hat —
Teutschlands Verfassung sey eine
von Oben herab erhaltene Verwirrung!*) So wäre es wahr, was
dieser Staatsmann, welcher die Kräfte
Teutschlands mit einem richtigen Maaß-
stabe zu messen im Stande war, in dem
verkappten Moncembano ferners sagt,**)

D 4   es

*) Confusio divinitus conservata.

**) Germaniae unitae bellum inferre velle
  neque hujus, neque alterius seculi rem
  esse.

es sey weder die Sache dieses Jahrhunderts, noch der folgenden, mit dem in einer Centralkraft vereinigten, und vom Gemeingeiste beseelten Teutschland Krieg zu führen. — Wahr, das uralte Axiom der Römer gegen die Teutschen:*) Theile, und du wirst herrschen; denn die Teutschen können nur durch die Hände der Teutschen überwunden werden. Dieser Schreckbilder ungeachtet, die sich eine etwas überspannte Phantasie so gerne vormalt, könnte der Ausgang unsers Friedensgeschäftes noch besser ausfallen, als wir glauben; das angetragene Vermittlungswerk Preußens wird, wie sichs hoffen läßt, zum allgemeinen Reichsbeßten, jedoch mit der oberhauptlichen Einwirkung der Kaisermacht, abzwecken, um die mißtrauische Zweifelsucht zu beruhigen.

Allein es sind bey unsrer Friedenssache mit der Frankenrepublik noch so manche

*) Divide et imperabis; manibus enim Germanorum Germani vincuntur Lentulus in principe absoluto sive Axiom. 19. ad lib. 12. Annal. Taciti.

manche beträchtliche Schwierigkeiten zu
heben. Mit wem schliessen wir denn eigentlich den Frieden? Als wir den Krieg
angekündigt hatten, und als er auch dem
damaligen König von Ungarn und Böhmen angekündigt wurde, existirte noch ein
König in Frankreich; dieser ist dahin, und
nun theilt sich die neue Republik in Faktionen und Meinungen. Machen wir
Frieden mit der Stadt Paris allein?
dieß ist ungangbar und unzureichend;
was würde das übrige Frankreich dazu
sagen? In Paris herrscht noch kein
festes Gesetz, keine feste Regierung, keine
feste Uebereinstimmung der Gemüther.
Mit der ganzen Nazion? diese ist noch
theils Anarchisch, theils in geheim Ro-
yalistisch, theils halb Monarchisch, theils
Republikanisch. Mit dem Nazionalkon-
vent? dieser ist mit und unter sich selbst
noch nicht einig; hat noch keine bewährte Konstituzion hergestellt, welche nicht
hin und wieder Widerspruch fände. Wenn
nun früh oder spät der Nationalkonvent,
der die Nazion repräsentirt, umgewech-
selt, und ein neuer gewählt, wenn wieder eine neue Konstituzion eingeführt
wird, wer bürgt uns für die Dauer un-

D 5 sers

fers Friedens? Wir müssen nicht nur
einen annehmlichen, sondern zugleich einen dauerhaften Frieden haben, den wir
uns aber aller Wahrscheinlichkeit nach nicht
versprechen können, weil das Gebäude der
Frankenrepublik noch immer auf schwa-
chem Grunde ruht, und weil wir Gefahr laufen, daß das Friedenswerk, dem
es bey dieser Wirre der politischen Prin-
zipen am pragmatischen Gewichte fehlen
wird, von dem geringsten etwa sich wieder erhebenden Sturme als ein schilf-
ähnliches Flugprodukt umgerissen werden
möchte.

Denn was wollen wir den Republikanern für ein Prinzip vorlegen, auf
dem das Friedensgeschäft seine Konsi-
stenz erhalten sollte? Vielleicht den
Westphälischen Frieden, auf welchen Teutschland sich als sein erstes
Grundgesetz zu berufen pflegt? Aber die
Republikaner werden und können es ihrer neuen Staatsumwälzung wegen nicht
anerkennen, nicht annehmen, dieses teutsche Grundgesetz, welches nur zwischen
souveränen Mächten als ein Bescheidungs-
mittel gelten kann, und mit der Republikanischen

kanischen Reform in Frankreich nicht zu=
sammenhängt. Betrachten wir die Sa=
che von einer Seite, von welcher wir
wollen, so scheint sie für uns sehr miß=
lich zu seyn. Wird die Republik an=
erkannt, (und dieß wird geschehen müs=
sen, wenn jezt gleich, das ist, nach
dem gegenwärtigen Plane ein Frie=
de denkbar seyn soll) so steht zu befürch=
ten, daß die Republikaner nur tempori=
siren, und einen günstigen Zeitpunkt ab=
warten dürften, um ihre Konstituzion zu
konsolidiren, und ihre Plane alsdann zur
Begründung ihrer von dem Monarchi=
schen System abgehenden Staatsinter=
esse besser und sicherer verfolgen zu kön=
nen. Wer weiß, was sie einst thun, mit
wem sie sich verbinden werden, wer weiß,
ob sie nicht eben jezt selbst den Frieden
aus der Ursache beschleunigt haben wol=
len, um im Gedränge ihre Republik zu
schützen, deren ungeheure Macht in der
Folge allen Potenzen, besonders bey den
vermuthlichen Allianzen, womit sie ihre
Grundpfeiler bestärken wird, überaus
furchtbar werden dürfte. Doch setzen
wir auf den Karakter der Französischen
Nazion zurück, können wir hoffen, daß
                                        ihre

ihre Repräsentanten Wort halten werden, da ihre Könige und Minister in
vorigen Zeiten bey Friedensschlüßen und
Europäischen Staatshändeln, in die sie
sich alle aus Maxime verflochten hatten, ihren theuersten Versicherungen nicht getreu
geblieben sind? Was hat Teutschland für
traurige Beweise hiervon? Schon alte
Staatsmänner machten die Bemerkung,
daß die Franzosen überhaupt jederzeit ge-
wohnt waren, an ihre Bundesgenossen,
oder an die, mit denen sie Frieden halten wollten, die übertriebensten Ansprüche
und Forderungen zu machen. Es ist
beynahe zum politischen Wahlspruch geworden,*) daß man bey einem Friedensvertrag mit den Franzosen, ihnen alles
geben, und, um ihre Allianz zu befriedi-
gen, sie alles nehmen lassen müsse. Was
kann man für ein Vertrauen in eine Nazion setzen, welche mit dem angebohrnen
Witz, Talent und raschem Feuer Unklug-
heit,

*) Pour obferver la paix avec les françois il
est neceffaire de leur tout donner et pour
satisfaire à leur Alliance il faut les ayder
tout prendre. Lifola Bouclier d'etat et
de juft. art. I. pag. 15.

heit, Mißordnung, ungestüme Heftigkeit
in Leidenschaften, und, bey aller Geschmei=
digkeit der Sitten, schnell in Hitze gebrachte
Einbildungskraft und daraus entstehende
Grausamkeit verbindet, in eine Nazion,
welche in allen Unternehmungen Wandel=
barkeit, Schlauheit und List verräth, in
eine Nazion, welche ihre eigenen Lands=
leute mit den häßlichsten Farben geschil=
dert hatten. *)   Selbst in dem dermalen
Republikanischen Frankreich geben die ei=
gene innere Haushaltung, die Widersprü=
che, die von Zeit zu Zeit getroffenen Ver=
änderungen, und besonders die Geständnisse,
welche Viele bey kälterer Besonnenheit von
ihrer Nazion öffentlich ablegen, die über=
zeugendsten Merkmale von der Unstätheit
ihres Nazionalkarakters und ihrer Hand=
lungen, auf deren Werth die Erfahrung
so oft ein falsches Licht geworfen hat.

Teutsch=

---

*) C'est une condition inseperable de no-
tre humeur et un effét de cet aveugle-
ment, qui a presque occupé toute la
france de negliger la prudence et l'ordre,
pour n'estimer que l'impetuosité, et n'ado-
rer que le courage. Silhon Ministre d'etat
part. I. Libr. I. Disc. 10.

Teutſchland, daͤucht uns, hat in alⸯ
ler Ruͤckſicht nicht Urſache, mit dem
Frieden ſo ſehr zu eilen, und duͤrfte noch
Stoff genug finden, ihn mit Ehre zu
erkaͤmpfen. Die Fortſchritte der Repubⸯ
likaner in den eroberten Laͤndern, ihre
Vorkehrungen und Einrichtungen ſind
ſo zweydeutig, daß es das Anſehen hat,
als waͤren ſie nicht geſonnen, etwas,
oder vielweniger alles zuruͤck zu geben.
Haben ſie nicht ihre Erklaͤrung dahin
proclamirt, haben ſie nicht den Rhein
zur noͤthigen Scheidewand zwiſchen Frankⸯ
reich und Teutſchland, zur Baſis des
Friedens angenommen? haben ſie dieſen
Vorderſatz nicht erſt neuerlich in dem
Nationalkonvent durch ein feyerliches
Dekret ſanktionirt? Wie wenn ſie auf
dieſeu Vorderſatz beharren? Aber geⸯ
ſezt, es werden die eroberten und ausⸯ
geſaugten Laͤnder an das teutſche Reich
zuruͤck gegeben, will man ſich mit dem
Status quo ante bellum begnuͤgen laſⸯ
ſen, und werden die Republikaner mehⸯ
rere Vortheile fuͤr uns eingehen? —
Wird nachher der Koͤnig von Ungarn
und Boͤhmen, der Erzherzog von
Oeſterreich dazu ſchweigen, oder nicht
viel⸗

vielmehr im Vertrauen auf Englands Beyhülfe gerechte Entschädigung
mit den Waffen fodern? Und was
würde das teutsche Reich dabey gewinnen, wenn es seinen Kaiser; nach so
vielen und schweren Aufopferungen, im
Stiche liesse? Dergleichen billige Zweifel verdienen Beherzigung, damit nicht
das Machwerk eines Friedens übereilt
werde, welches Teutschland in der Folge-
zeit gereuen dürfte.

Gleichwohl wird der Nationalkonvent der Frankenrepublik die Zurück-
gabe des Eroberten für das äußerste
Opfer ansehen, welches er der solennen
Anerkennung der Republik durch
den Frieden mit dem teutschen Reich
entrichtet. Hierbey drängt sich eine
Hauptfrage auf, deren Auflösung jezt
schon dem Friedensgeschäft vorher gehen soll.

Wenn das teutsche Reich
mit der anerkannten Republik
Frieden schließt, und es sizt
ein neuer König, entweder
durch gütliche Vergleiche, oder
durch den Sieg der Waffen
auf

auf dem Thron von Frank,
reich, wird der gegenwärtige
Friedensschluß bestehen?

Diese Frage, welche vielleicht vor
kurzem noch lächerlich geschienen hätte,
ob ein neuer König sich noch über den
Trümmern der Republik seinen Thron
bauen, oder ob nicht wenigstens in
Frankreich eine eingeschränkte, gemäßigte
Monarchie entstehen könnte, beginnt in
unsern Tagen immer mehr Dignität zu
gewinnen. In dieser gewaltigen Krise
der Dinge ist es kein politisches Wunder,
wenn sich mit jeder Spanne Zeit Ge,
sinnungen und Umstände verändern. Mit
dem Tode des Sohnes Ludwigs XVI
könnte die Sache leicht eine andere
Gestalt bekommen. Dieser konnte in
seinem Gefängniß, und unter dem lee,
ren Namen Ludwigs XVII auswärts
nichts machen; aber der Graf von
Provence, welcher nunmehr als Lud,
wig XVIII ausgeruffen ist, kann als
der nach gewöhnlichen Rechten nächste Er,
be des Thrones von Bourbon das König,
thum durch Waffen, oder durch gütige
Uebereinkunft mit der frankreichischen Na,
tion behaupten.

Armeen

Armeen und Völker haben ihn bereits
als König proclamirt, er selbst hat schon
in königlicher Würde, Dekrete, Patente
und Zuschriften an souveräne Mächte er-
gehen lassen, und die Kronen England und
Sardinien sind vorausgegangen, den neuen
König zu erkennen. Oesterreich und das
teutsche Reich werden jezt stillschweigend
einstimmen und bald nachfolgen, sobald
die Gelegenheit eintritt. Das Interesse
der Könige und Fürsten arbeitet mit dem
Interesse des neuen Königs von Frankreich. Der Fall ist wohl möglich, daß
der Graf von Provence mit seinem Erb-
folgrecht zugleich das Königthum wieder
herstellt, und zwar durch das Glück der
Waffen. In der Vendee, in Bretagne
und in der Normandie, wo kriegerische
Auftritte zum Beßten Ludwigs XVIII
sich ereignen, kann der Thron des neuen
Königs gezimmert, und dann im Triumph
nach Paris gebracht werden. Der An-
hang der Königlichgesinnten ist groß, und
die Stimme des Royalismus erschallt jezt
mehr als jemals in Frankreich; dazu kommt
noch die mächtige Unterstützung des Groß-
brittanischen Hofes; wenn nun das Waffenglück den neuen König mittelmäßig be-
günstigte,

E

günstigte, welche Fortschritte würde er nicht
machen, und welche Menge würde ihm
nicht beyfallen, um ihn als rechtmäßigen
Erben auf den Thron seiner Väter zu er-
heben.

Aber auch durch gütliche Uebereinkunft
mit der Nazion selbst könnte der neue König seine Krone behaupten. Die Partheyen
für den Royalismus, oder vielmehr für eine
konstituzionelle, beschränkte Monarchie sind
in ganz Frankreich verbreitet. Der Geist
des dermaligen Nazionalkonvents ist jezt
sehr gemäßigt, und es wird gewiß hierinn
Viele geben, die im Stillen einer Monar-
chischen Verfassung nicht abgeneigt wären,
welche auf bessere, der menschlichen Gesell-
schaft angemessenere Grundsätze abzweckte,
so daß es fast zweifelhaft scheint, ob nicht,
wenn die Nazion freye Wahl und Stimme
hätte, das Königthum die Mehrheit ge-
wänne, und man nicht die Krone als
rechtmäßig anerkennte. Würde nun der
neue König, welcher für sich selbst wirksam seyn kann, diese vortheilhaften Adspek-
ten zu benützen, die Nazion durch Thaten
und Aeusserungen lieb zu gewinnen wissen,
würde er, anstatt höchst unpolitische, seinem

nem Zwecke ganz entgegengeſezte Schreiben nach Rom zu ſchicken, ſich unmittelbar
an die Franzöſiſche Nazion, und deren Re-
präſentanten wenden, dieſelbe durch redliche, dem Zeitgeiſt und der vernünftigen
Politik analoge Proklamen zur Anerkennung ſeiner Königswürde in wahrhaft vä-
terlichen Ausdrücken auffordern, würde er
ſich ſelbſt anheiſchig machen, eine förmliche
Konſtitution nach dem Sinn und Entwurf
der Nazion anzunehmen, ſich bequemen,
die Krone dem Geſeze zu unterwerfen, und
überhaupt nur für das allgemeine Wohl zu
tragen — wie wahrſcheinlich dürfte der
neue König über die Meinungen triumphi-
ren, und mit gütlicher Uebereinkunft den
wieder ergänzten Thron beſteigen? ———

In beyden Fällen aber, es möchte die
Sache im Wege der Gewalt, oder der
Güte geſchehen, wäre ſie für unſern jetzigen
Friedensſchluß ſehr bedenklich. Die Anerkennung der Republik dürfte den neuen
König von Frankreich immerhin entweder
aus heimlichen Haß, oder aus Vorliebe
für ſeine Nazion gegen das teutſche Reich
aufbringen, und unſer Friedensſchluß dürfte
manche unangenehme Klauſeln oder Abän-

E 2   derungen

derungen zur Folge haben. Wenigstens
sind wir der Gefahr ausgesezt, mehr zu
verlieren als zu gewinnen, und das von
neuem wieder anfangen zu müssen, was
wir vollendet zu haben glaubten.

Diese nicht unnützen Problemen haben
wir dem teutschen Reich zur verdienten Beherzigung vorlegen, und das Resultat nur
dahin ziehen wollen, daß man einen annehmlichen, der Nazionalwürde entsprechen-
den Frieden mit Bedachtsamkeit und Vorsicht, und mit den Waffen in der Hand
erobern, unter gemeinschaftlicher Vereinigung aller Glieder zu ihrem Oberhaupt,
unsrer konstitutionellen Staatsverfassung
gemäß, einen allgemeinen Reichsfrie-
den aus sich selbst entstehen machen, und
das bewährte Axiom weiser Staatsmänner
beobachten möchte:

Armis deposcere pacem!